# BEI GRIN MACHT SICH IHR WISSEN BEZAHLT

- Wir veröffentlichen Ihre Hausarbeit,
  Bachelor- und Masterarbeit

- Ihr eigenes eBook und Buch -
  weltweit in allen wichtigen Shops

- Verdienen Sie an jedem Verkauf

## Jetzt bei www.GRIN.com hochladen und kostenlos publizieren

**Bibliografische Information der Deutschen Nationalbibliothek:**

Die Deutsche Bibliothek verzeichnet diese Publikation in der Deutschen National-
bibliografie; detaillierte bibliografische Daten sind im Internet über http://dnb.d-
nb.de/ abrufbar.

**Impressum:**

Copyright © 2017 GRIN Verlag, Open Publishing GmbH
Druck und Bindung: Books on Demand GmbH, Norderstedt Germany
ISBN: 9783668524453

**Dieses Buch bei GRIN:**

http://www.grin.com/de/e-book/375215/hat-der-mensch-einen-freien-willen-die-
diskussion-um-die-libet-experimente

Melissa Lenzen

# Hat der Mensch einen freien Willen? Die Diskussion um die Libet-Experimente

GRIN Verlag

**GRIN - Your knowledge has value**

Der GRIN Verlag publiziert seit 1998 wissenschaftliche Arbeiten von Studenten, Hochschullehrern und anderen Akademikern als eBook und gedrucktes Buch. Die Verlagswebsite www.grin.com ist die ideale Plattform zur Veröffentlichung von Hausarbeiten, Abschlussarbeiten, wissenschaftlichen Aufsätzen, Dissertationen und Fachbüchern.

**Besuchen Sie uns im Internet:**

http://www.grin.com/

http://www.facebook.com/grincom

http://www.twitter.com/grin_com

# Facharbeit

# im Grundkurs

# Philosophie

**Thema**: Hat der Mensch einen freien Willen? Die
Diskussion um die Libet-Experimente (Pauen, Bieri)

Abbildung zur Publikation entfernt

# Inhaltsverzeichnis

## 1. Einleitung

Grundsätzlich nehmen die meisten Menschen zunächst an sie seien in ihrem Handeln und ihrem Willen frei. Sie sind davon überzeugt, dass alle von ihnen getroffenen Entscheidungen bewusst und von ihnen selbst herbeigeführt worden sind. Doch all diese Menschen erkennen äußere Faktoren, die Einfluss auf ihre Entscheidung nehmen. Man kann annehmen, diese beiden Behauptungen stehen im Zusammenhang zueinander, obwohl das zunächst einmal nicht zu Problemen oder Einschränkungen in ihrem Leben führt, kann es bei genauerer Betrachtung zu Konflikten kommen. Werden beide Prämissen exakt genommen, müssten sie sich eigentlich ausschließen, denn es kann keine Willensfreiheit existieren, wenn der eigene Wille durch verschiedene Einflüsse beeinträchtigt wird. Sobald man den Gedanken, dass alles nach bestimmten Gesetzen abläuft und alles einen tieferen Ursprung hat, weiterspinnt kommt man zur Erkenntnis einer Unmöglichkeit von Willensfreiheit. Die Fragestellung der Willensfreiheit, welche in der Philosophie bereits seit der Antike zu den meistdiskutiertesten und vielschichtigsten Debatten gehört, der Willensfreiheit und die Relevanz der Libet-Experimente sowie ihre Interpretation durch die Philosophen Michael Pauen und Peter Bieri werden in dieser Facharbeit behandelt und versucht zu lösen.

## Vorgehensweise

Um über die mit den Libet-Experimenten verbunden Diskussion nach einem freien Willen sprechen zu können müssen zunächst einmal einige Begriffe geklärt werden, die in diesem Zusammenhang auftauchen. Deshalb habe ich zu Beginn meiner Facharbeit ein Kapitel zur Erklärung dieser Begriffe eingeführt. Ich habe mich dabei auf die groben Definitionen beschränkt und nicht auf weitere Differenzierungen der Begrifflichkeiten, da diese den Rahmen meiner Arbeit übersteigen würden. Zudem genügen die gegebenen Definitionen zum Verständnis aus und erfordern keine genauere Darbietung.

Im darauffolgenden Kapitel bin ich auf die Libet-Experimente selbst eingegangen und habe ihren Ablauf sowie ihre Auswertung dargestellt.

Um kritisierbare Aspekte und eine andere Sichtweise dieser Experimente aufzuführen, habe ich mich dann im dritten und vierten Kapitel auf Interpretationen der Libet-Experimente von Michael Pauen und Peter Bieri bezogen. Des Weiteren habe ich die Theorien der beiden Philosophen in den jeweiligen Kapiteln näher erläutert, um ihre Denkweisen ersichtlich zu machen.

## 2. Begriffserläuterungen

### 2.1 Determinismus

Der Begriff „Determinismus" stammt aus dem Lateinischen und leitet sich von dem Wort „determinare" ab, was mit „festlegen" oder „begrenzen" übersetzt wird. Er ist eine der drei Hauptpositionen in der Debatte um die Willensfreiheit. Unter Determinismus wird die Vorbestimmung von Ereignissen auf Grund verschiedener Faktoren, wie beispielsweise Naturgesetze, Erfahrungen oder Erbanlagen, verstanden. Deterministen gehen dem zufolge davon aus, dass alle Geschehnisse auf der Welt nach dem sogenannten Kausalgesetz ablaufen. Diesem Gesetz zu folge führen bestimmte Ursachen zu bestimmten Wirkungen und diese Wirkungen lassen sich mittels Naturgesetze vorherbestimmen (=determinieren). Jedem Ereignis gehe eine Ursache voraus, der wiederum eine andere Ursache vorausgeht und immer so weiter. Fachsprachlich wird dieser Zusammenhang als Kausalnexus bezeichnet. Zudem hätten gleiche Ursachen gleiche Wirkungen, unterschiedliche Ursachen können jedoch gleichzeitig zu unterschiedlichen oder gleichen Wirkungen führen.[1] Es existieren noch einige weitere Differenzierungen des Determinismus, an dieser Stelle genügt jedoch die allgemeine Auffassung und Definition.

Bis auf wenige Ausnahmen verneinen Deterministen die Möglichkeit eines freien Willens, weshalb es viele Zweifel an dieser Auffassung gibt und in Form des Interdeterminismus geäußert werden. Zudem gibt es auch Philosophen, wie Michael Pauen und Peter Bieri, die behaupten, dass sich Determinismus und Willensfreiheit nicht zwangsläufig ausschließen. Auf diese Verknüpfung von Willensfreiheit und Determinismus, die als Kompatibilismus bezeichnet wird, wird im weiteren Verlauf der Arbeit eingegangen.

---

[1] Aßmann, L., Henke, R. W., Schulze, M., & Sewing, E.-M. (2015). *Zugänge zur Philosophie - Qualifikationsphase*. Berlin: Cornelsen Schulverlage GmbH.

## 2.2 Interdeterminismus

Der Interdeterminismus beschreibt die gegenteilige Auffassung zum Determinismus, in der Ereignisse nicht durch kausale Faktoren beeinflusst sind. Dadurch sei Willensfreiheit und die Existenz eines wirklichen Zufalls möglich.

## 2.3 Willensfreiheit und Handlungsfreiheit

Doch was genau wird unter dem Begriff Freiheit bzw. Willens- oder Handlungsfreiheit verstanden? Die Debatte um die Willensfreiheit wird durch unterschiedliche Definitionen erschwert, da Freiheit das ist, was man aus ihr macht. Dennoch kann man grundsätzlich von zwei Bedeutungen ausgehen. Die erste bezieht sich auf den Kompatibilismus und meint das Handeln nach eigenen Wünschen und Veranlagungen und ist so auch mit dem Determinismus vereinbar. Die zweite Definition entsteht durch den Libertarismus (= Freiheit entstanden durch Abhanden sein von inneren und äußeren Zwängen) und erkennt weder den Determinismus noch den Zufall an, da sie die Annahme von absoluter Autonomie beschreibt.

MZudem existiert noch eine Handlungsfreiheit, die sich bedeutend einfacher definieren lässt und auch allgemein als die Abwesenheit von äußeren Zwängen anerkannt wird.

## 3. Die Libet Experimente

## 3.1 Vorüberlegungen

Als Grundidee für die sogenannten „Libet-Experimente" diente dem US-Amerikaner Benjamin Libet die Fragestellung „Haben wir einen freien Willen?". Ausgangspunkt für Libets experimentelle Überprüfungen, in denen er die Willensfreiheit beweisen wollte, war eine Entdeckung von Kornhuber und Deecke. Die beiden Wissenschaftler bewiesen, dass einer einfachen Hand- oder Fußbewegung eine messbare elektrische Negativität vorausgeht, die sich am Kopfscheitel befindet. Ungefähr 800ms vor der Vollziehung einer Willenshandlung tritt diese elektrische

Veränderung auf und wird fachsprachlich als Bereitschaftspotenzial, kurz BP, betitelt.

Im Experiment des Physiologen, der im Alter von 29 Jahren im Jahre 1939 an der Universität von Chicago promovierte, wurde versucht die zeitliche Abfolge zwischen einer bewussten Entscheidung und der Einleitung der Bewegung auf neuronaler Ebene zu bestimmen. Libet wählte dafür die Bezeichnung „symmetrisches Bereitschaftspotenzial. Es handle sich dabei um ein negatives elektrisches Potential, das aufgrund von neuronalen Aktivtäten vor allem im supplementär motorischen Areal beider Hirnhälften auftritt und offenbar in einem engen Zusammenhang mit der Einleitung willkürlicher Bewegungen steht. Der Zeitpunkt an dem dieses Potential auftritt, lasse Schlüsse darüber zu, wann das Gehirn mit der Vorbereitung von Bewegung beginne. Wichtig für die Interpretation des Experiments ist, dass aufgrund der Schwäche des Potentials die Messung nur über eine Vielzahl von Versuchsdurchläufen stattfinden konnte und somit die ermittelten Angaben nur Durchschnittswerte aus ca. 40 Messungen sind.[2]

## 3.2 Durchführung

Den Probanden wurde die Aufgabe eines plötzlichen Krümmens oder Beugens des Handgelenks bzw. der Finger aufgetragen und sich gleichzeitig mittels einer schnelllaufen Uhr den Moment zu merken, an dem sie den bewussten Drang zur Handlung verspürt haben. Dieser Drang wurde häufig auch als bewusste Intention oder Entscheidung bezeichnet. Um den Zeitpunkt der Handlungsentscheidung zu bestimmen, benutzte Libet eine Art Uhr. Diese Uhr wird als Kathodenstrahloszilloskop bezeichnet und erzeugt einen Lichtpunkt, der sich auf einer kreisförmigen Skala bewegt. Für gewöhnlich markiere der äußere Rand des Bildschirms der Oszilloskopröhre 60 Sekunden, was auch bei Libet der Fall gewesen sei, bei ihm verlief der Lichtfleck jedoch

---

[2] vgl. Libet, Benjamin (2005). *Mind Time Wie das Gehirn Bewusstsein produziert*. Frankfurt am Main: Suhrkamp Verlag. S.160

in 2.56 Sekunden um den Kreis und sei somit fünfundzwanzigmal so schnell wie der Normalfall gewesen. Durch diese Anpassung der Markierungen auf etwa 43 Millisekunden konnte ein für die Untersuchung höchst relevantes Kriterium erfüllt werden, welches beinhaltete den Zeitpunkt der Wahrnehmung auf einen Bereich von Hundertmillisekunden zu beschränken. Um den Zeitpunkt zu bestimmen, fixierten sich die Versuchspersonen, sitzend in einem Abstand von 2.3 Metern zu dem Oszilloskop, auf die Mitte des Bildschirms und merkten sich zum Zeitpunkt ihrer Entscheidung die Position des Lichtpunkts auf der Skala, um sie im Nachhinein den Versuchsleitern mitzuteilen.[3]

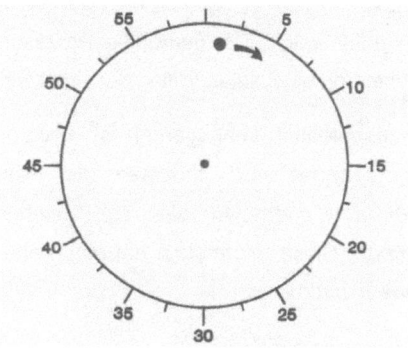

Abbildung des Kathodenstrahloszilloskops aus Libet, 2005, S. 166

Währenddessen erfolgte die wissenschaftliche und bedeutend einfachere Messung des Bereitschaftspotentials mittels eines Elektroenzephalogramm an der Kopfhaut und der Registrierung des Beginns der Muskelaktivität durch ein Elektromyogramm. Im weiteren Verlauf wurde der Zeitpunkt der bewussten Entscheidung mit dem Zeitpunkt des gemessenen Bereitschaftspotentials verglichen und aufgewertet. Aus der Auswertung erschloss sich, dass das symmetrische Bereitschaftspotential bereits 550 Millisekunden vor der eigentlichen Handlung eintritt, jedoch der bewusste Drang erst 150-200 Millisekunden vor der Handlung auftritt. Das Bereitschaftspotential tritt

---

[3] vgl. Libet, 2005, S. 162

also bereits 400 Millisekunden vor der bewussten Entscheidung auf. Dennoch war sich Libet nicht sicher, ob die von den Probanden genannten Uhrzeiten zuverlässig und genau genug seien. Um ihre Zuverlässigkeit gewährleisten zu können führte eine weitere Untersuchung durch, in der die Versuchspersonen keine bewusste Handlung ausführen sollten, sondern sich lediglich den Zeitpunkt merken sollten, an dem sie eine Hautempfindung bemerkten. Über vierzig Versuche lang wurden die Probanden zeitlich willkürlichen Hautreizen ausgesetzt. Im Ergebnis wischen die von den Versuchspersonen genannten Zeiten lediglich minimal von den tatsächlichen Reizzeiten ab. So konnte die Zuverlässigkeit der Zeiten des ursprünglichen Experiments belegt werden.[4] Daraus ergibt sich die Frage, ob unser Handeln nur durch neuronale Prozesse oder durch unseren eigenen freien und bewussten Willen bestimmt wird.

Da das Bereitschaftspotential sehr gering ist und durch andere Hirnaktivitäten überschattet wird, mussten die Probanden das Experiment ca. 40-mal wiederholen, was zu Durschnittwerten der ermittelten Werte führte. Diese Information hat eine hohe Relevanz in der Interpretation des Experiments.

## 3.3 Die übliche Interpretation

Die Ergebnisse lassen zunächst nur einen möglichen Entschluss zu: eine Unmöglichkeit des freien Willens. Denn der bewusste Wille scheint nur eine Begleitescheinung der durch das Gehirn bereits vorbereiteten Einleitung der Bewegung zu sein und somit steht scheinbar schon fest, was wir tun bevor wir selbst überhaupt wissen, dass wir es tun wollen bzw. werden. Diese Interpretation hat zahlreiche Kritiker und ist kein zweifelloser Beweis gegen die Möglichkeit eines freien Willens, aber dennoch nimmt sie der Willensfreiheit einen großen Teil ihrer Plausibilität. Im weiteren Verlauf wird einer dieser Kritiker näher erläutert sowie Gründe für eine andere Interpretation genannt.

---

[4] Vgl. Libet, 2005, 165

## 3.4 Interpretation durch Libet und das bewusste Veto

Laut Libet selbst zeigen seine Experimente, dass „[...] das Gehirn 'entscheidet', eine Bewegung, oder zumindest die Vorbereitung einer Bewegung einzuleiten, bevor es irgendein subjektives Bewusstsein davon gibt, dass eine solche Entscheidung stattgefunden hat".[5] Daraus folgert er jedoch keines Falls eine Widerlegung der Willensfreiheit, sondern genau das Gegenteil der üblichen Interpretation. Seine Experimente seien der Beweis für das sogenannte „bewusste Veto", welches die Möglichkeit sei, das Endergebnis eines Willensprozesses zu beeinflussen oder zu steuern. Um die These des bewussten Vetos zu belegen unterzog Libet seine Probanden einem weiteren Experiment, in dem ihnen aufgetragen wurde die Handbewegung vorzubereiten, aber kurz vor einem im Vorhinein bestimmten Zeitpunkt zu unterbrechen. Der bewusste Wille äußere sich 150 Millisekunden vor der motorischen Handlung, die 50 Millisekunden benötige, um Muskelaktivierungen zu vollziehen. Ergebnis dieser Untersuchung war also das Vorhandensein einer Zeitspanne von lediglich 100 Millisekunden, um eine Bewegung vor ihrer Ausführung willentlich zu unterbrechen bzw. das Veto einzulegen. Solch ein Veto habe jeder Mensch bereits erlebt, es trete auf bei Handlungen, die sozial inakzeptabel seien oder im Widerspruch mit eigenen Werten oder der eigenen Persönlichkeit stünden und so eine Unterbrechung forderten. Da es Libet möglich war ein spontanes Veto zu untersuchen, beschränkte er sich auf eine Handlung, deren Ausübung im Vorhinein auf einen bestimmten Zeitpunkt festgelegt war, also auf ein vorbestimmtes Veto. Den Versuchspersonen wurde aufgetragen die Bewegung 100-200 Millisekunden vor der festgelegten Zeit zu unterbrechen. So habe er die Möglichkeit eines freien Willens bewiesen, der kein passiver beiläufiger Prozess mehr sei, sondern ein aktiver Einfluss auf unser Handeln und Entscheiden.[6]

---

[5] Libet 1985, 536

[6] Vgl. Ebd., S. 177,178

Benjamin Libet verändert die Definition des freien Willens, in dem er behauptet: *„Der bewusste Wille leitet unsere freien Willenshandlungen nicht ein. Stattdessen kann er das Ergebnis oder den tatsächlichen Vollzug der Handlung steuern."*[7] Diese Prämisse macht die Existenz von Willensfreiheit nur in wenigen Fällen und spontan möglich. Die Bedingung dafür sei folglich eine Handlung, die moralisch inakzeptabel ist, da diese das Veto erscheinen lassen könne, welches der Grund bzw. die einzige Option für einen freien Willen sei.[8]

Die Existenz dieses Vetos ist an einigen Stellen kritisierbar, da man nicht davon ausgehen kann, dass eine spontane Handlung unterbrochen wurde, sondern den Versuchspersonen bereits bei der Einleitung der Bewegung bewusst war zu welchem Zeitpunkt sie die Handlung unterbrechen müssen.

## 4. Michael Pauen

### 4.1 Interpretation der Libet-Experimente durch Pauen

Michael Pauen, ein deutscher Philosoph und Professor an der Humboldt-Universität Berlin, stellt seine Kritik an den Libet-Experimenten mithilfe zweier Fragen auf, die er im weiteren Verlauf seines Textes argumentativ beantwortet. Die erste Frage sei, ob Libet wirklich Entscheidungen messe. Sein erstes Argument richtet sich gegen die von Libet gemessenen Entscheidung die Gleichsetzung eines Dranges mit einer bewussten Entscheidung. Er beschreibt einen Drang als ein Gefühl, dass uns lediglich „überkommt", es sei also ein passives Ereignis. Ein bewusster bzw. freier Entscheidungsprozess hingegen bedürfe eine gewisse Dauer an Zeit, in der eine Entscheidung aktiv von uns selbst getroffen wird. Zudem sei ein Drang für gewöhnlich ein unbewusster Bewegungsimpuls, der im Falle der Libet-Experimente jedoch durch die Versuchsinstruktion zu einem bewussten Impuls wird. Pauen bezieht sich dabei auf Nachfolgeuntersuchungen von Keller und Heckenhausen, die als Beweis für alltägliche unbewusste Bewegungen

---

[7] Libet, 2005, S. 178

[8] Vgl. Ebd., S.177-179

dienen. Diese Art von Bewegungen seien auch die Bewegungen bzw. Entscheidungen, die Libet gemessen hat. Libet war es möglich diese Prozesse zu messen, da er die Aufmerksamkeit der Probanden durch seine Instruktion auf die Handlung lenkte und sie somit zu einer bewussten Bewegung machte. Laut Pauen seien diese Bewegungsimpulse aber nicht als freie Entscheidung zu betiteln und somit könne Benjamin Libet keine freie Entscheidung gemessen haben. Zudem gäbe es nur eine freie Entscheidung, wenn mehrere Auswahlmöglichkeiten existieren. Da die Probanden jedoch nicht entscheiden konnten, *was* sie tun und *ob* sie es überhaupt tun, sondern nur den Zeitpunkt ihrer Handlung bestimmen konnten kritisiert Pauen erneut, dass es sich nicht um eine freie Entscheidung handeln könne. Seine nächste Kritik übt Pauen an der Art der Entscheidung, denn eine freie Handlung und der damit verbundene Entscheidungsprozess benötige eine gewisse Zeitdauer. Da die von Libet gemessenen Ergebnisse sich auf Millisekunden beziehen, können nicht von solchen Entscheidungsprozessen gesprochen werden. So kommt er zu dem Entschluss bzw. zu der These, dass Libet die falschen Entscheidungen misst und somit das Abhanden sein von Willensfreiheit nicht belegen könne.[9]

## 4.2 Überblick über die Theorie von Michael Pauen

Michael Pauens Kernthese zufolge, sei Freiheit auch in einer determinierten Welt möglich. Dies sei durch die Übersetzung von Freiheit in Selbstbestimmung möglich. Eine Handlung sei dann selbstbestimmt bzw. frei, wenn *„der Bezug auf die handelnde Person eine kritische Rolle in der Erklärung dafür spielt, dass x und nicht eine alternative Handlung y ausgeführt wurde"*[10]. D.h. Freiheit entstehe durch die Möglichkeit in einer Situation zwischen mehreren Alternativen wählen zu können. So definiert Pauen Freiheit ähnlich wie Libet seine Theorie des bewussten Vetos äußert. Selbstbestimmung erfülle in

---

[9] Vgl. Pauen, 2005

[10] Ebd., S.62

jedem Fall das Autonomieprinzip, da eine selbstbestimmte Handlung Zwang und externe Determination prinzipiell ausschließe. Zudem sei eine Handlung nur selbstbestimmt, wenn sie durch den Handelnden selbst getroffen wurde. So wird eine zufällig entstehende Handlung unmöglich, was zur Erfüllung des Urheberprinzips führt. Selbstbestimmung sei also der Schlüssel zur Willensfreiheit. Diese Selbstbestimmung erläutert er in seiner Minimalkonzeption der personalen Freiheit und unterteilt diese in die zwei Prinzipien Autonomie und Urheberschaft, welche besagen, dass Freiheit niemals ein erzwungenes oder zufälliges Ereignis beschreiben kann. Zunächst erläutert er das **Autonomieprinzip** indem er behauptet: *„Der entscheidende Punkt scheint in beiden Fällen darin zu bestehen, dass eine freie Handlung sich nicht ausschließlich auf externe Umstände zurückführen lassen darf [...]"*[11]. D.h. das Autonomieprinzip und somit auch die Freiheit, fordern die Abwesenheit von äußeren Einflüssen. Freiheit könne niemals ein erzwungenes oder zufälliges Ereignis beschreiben. Als erzwungenes Ereignis definiert er jenes, das durch äußere Einflussfaktoren und gegen den Willen des Handelnden entsteht.[12]

Ein weiterer Punkt, der die Freiheit einschränke, seien zufällige Ereignisse, die Pauen als **Urheberprinzip** betitelt. Diese Einschränkung begründet er, damit *„dass die freie Handlung eine Person zum Urheber hat und folglich dieser Person auch zugeschrieben werden kann."*[13] Freiheit grenzt sich also gegen Zwang und Zufall ab. Egal wie man Freiheit definiere die Grundvorrausetzung für Freiheit sei stets die Erfüllung dieser zwei Prinzipien.[14]

---

[11] Pauen, 2005, S. 61

[12] Vgl. ebd. S.59-62

[13] Ebd., S. 62

[14] Vgl. Ebd., S. 62-65

# 5. Peter Bieri

## 5.1 Interpretation der Libet Experimente durch Bieri

Peter Bieri, ein aus der Schweiz stammender Philosoph und Schriftsteller, äußert sich nicht explizit zu den Libet-Experimenten, dennoch werde ich seine Kritik an neurobiologischen Untersuchungen, zu denen auch Libets Experimente zählen, näher erläutern.

Bieri bezieht sich in vielen seiner Schriften auf die Wirklichkeit der Dinge. Keine Beschreibungsweise sei richtiger als eine andere, denn jede sei in sich schlüssig und habe ihre eigene Richtigkeit. Jedoch sei es ein großes Problem, dass Naturwissenschaftler davon überzeugt sind sie würden die Wirklichkeit beschreiben. Auch die Allgemeinheit schenke dieser Überzeugung, die er als Mythos betitelt, Glauben. Neurobiologie sei schlichtweg nicht in der Lage, Willensfreiheit in irgendeiner Weise zu widerlegen, da die Freiheit in einen völlig anderen Bereich fiele als die Naturwissenschaft. Die von Benjamin Libet gemessenen Bereitschaftspotenziale seien keine Neuheit, denn man wissen bereits, dass unserem Willen, genau wie allem anderen in unserem Erleben physiologische Vorbedingungen vorausgehe.[15]

## 5.2 Überblick über die Theorie von Peter Bieri

Peter Bieri schrieb sein bedeutendstes philosophisches Buch „Das Handwerk der Freiheit" auf eine Art und Weise wie es sonst keiner tut. Dieses Buch ist außergewöhnlich, da Bieri kein Mal einen anderen Philosophen oder eine andere Theorie erwähnt. Zudem erinnert es durch seine szenische Darstellungsweise eher an einen Roman als an eine wissenschaftliche Theorie, was ihm ermöglicht seine Theorie für jedermann verständlich zu machen. Diese Nähe zum Roman entstand wahrscheinlich durch seine Pseudonym Pascal Mercier, welches es ihm ermöglicht, seine Leidenschaft des Schreibens auszuleben und seine Werke zu veröffentlichen.[16]

---

[15] Dotzauer, G. (2004). Das Gehirn entscheidet gar nichts - Warum die Neurobiologie unsere Idee von Willensfreiheit nicht zerstören kann. Ein Gespräch mit Peter Bieri. *Der Tagesspiegel*, 1-3.

[16] Bieri, P. (2001). *Das Handwerk der Freiheit - Über die Entdeckung des eigenen Willens.* Frankfurt am Main: S. Fischer Verlag GmbH.

„Das Handwerk der Freiheit" ist eine Art Reise, in der Bieri die Freiheit neu definiert.

Laut ihm ginge es in der Debatte um die Willensfreiheit nicht darum vehement eine der Positionen zu verteidigen oder zu beweisen, sondern darum zu verstehen wie sich Freiheit und Unfreiheit innerhalb von universellen Bedingtheiten voneinander unterscheiden. Denn diese Bedingtheiten seien der einzige Ort, an dem nach Freiheit und Unfreiheit gesucht werden könne, deshalb seien auch jegliche Untersuchungen der Hirnforschung in Bezug auf die Willensfreiheit unsinnig. Unser Wille würde durch äußere Umstände, Auswahlmöglichkeiten, unseren Charakter und persönlichen Erfahrungen geprägt werden. Deshalb entstehe Freiheit nur durch die Möglichkeit anders zu handeln als zunächst angenommen. Diese Möglichkeit beschreibt er in seiner Kernthese: *„Auch, wenn die Naturgesetze bestimmen, was wir tun und denken, können wir uns unter Berücksichtigung der jedem Menschen gegebenen Bedingtheiten als frei verstehen. Frei sind wir in diesem Sinne genau dann, wenn wir unseren eigenen Überzeugungen gemäß handeln können. Ein solcher Freiheitsbegriff, der ein bewusstes Reflektieren und eine bewusste Entscheidung voraussetzt, aber auch für möglich hält, steht nicht im Gegensatz zum Determinismus."[17]*. Nach dieser These können die Menschen selbst in einer vollständig determinierten Welt ihr Handeln selbst bestimmen, da sie in der Lage seien nach ihren eigenen Vorstellungen und Überzeugungen zu entscheiden.[18] Bieri wird durch die Aufstellung dieser These zu einem Anhänger des Kompatibilismus.

## 6. Schlussfolgerung

Abschließend kann gesagt werden, dass in die Libet-Experimente viele Anreize geben die Möglichkeit eines freien und selbstbestimmten Willens zu kritisieren. Dennoch liefert insbesondere der Philosoph Michael Pauen einige plausibel begründete Argumente gegen die

---

[17] Bieri, 2001

[18] Vgl. Ebd.

übliche Interpretation dieser Experimente. Aber auch Benjamin Libet selbst ermöglicht eine andere Denkweise. Die Prinzipien der Autonomie und des Urhebers sowie das bewusste Veto sind überzeugend dargestellt. Peter Bieri vermittelt seine Theorie auf eine besondere Art und Weise aber er schafft es dennoch zu überzeugen.

Durch die intensive Auseinandersetzung mit der Diskussion um die Libet-Experimente und die Willensfreiheit bin ich zu dem persönlichen Entschluss gekommen, dass ein freier Wille existiert. Unserem Handeln gehen bewiesener Maßen neuronale Prozesse voraus, das ist jedoch für mich kein überzeugender Grund gegen eine Willensfreiheit. So lange wir in der Lage sind selbstbestimmt zwischen mehreren Auswahlmöglichkeiten zu entscheiden ist unser Wille frei. Selbst wenn alle Umstände um uns herum determiniert wären, wären wir trotzdem in der Lage eigenständig über unseren Willen zu verfügen.

# 7. Literaturverzeichnis

Aßmann, L., Henke, R. W., Schulze, M., & Sewing, E.-M. (2015). *Zugänge zur Philosophie - Qualifikationsphase*. Berlin: Cornelsen Schulverlage GmbH.

Bieri, P. (2001). *Das Handwerk der Freiheit - Über die Entdeckung des eigenen Willens.* Frankfurt am Main: S. Fischer Verlag GmbH.

Dotzauer, G. (2004). Das Gehirn entscheidet gar nichts - Warum die Neurobiologie unsere Idee von Willensfreiheit nicht zerstören kann. Ein Gespräch mit Peter Bieri. *Der Tagesspiegel*, 1-3.

Libet, B. (2005). *Mind Time Wie das Gehirn Bewusstsein produziert.* Frankfurt am Main: Suhrkamp Verlag.

Pauen, M. (2004). *Illusion Freiheit?* Frankfurt am Main: S. Fischer Verlag GmbH.